THÈSE

POUR

LA LICENCE.

NANTES,

IMPRIMERIE DE VINCENT FOREST,

PLACE DU COMMERCE.

—

1852.

UNIVERSITÉ DE FRANCE. — ACADÉMIE DE RENNES.

FACULTÉ DE DROIT.

THÈSE POUR LA LICENCE.

JUS ROMANUM......................	*De in rem verso et quod jussu actionibus.*
DROIT FRANÇAIS, CODE CIVIL........	*Du Partage de la Communauté, de la Contribution aux Dettes, et des Effets de la Renonciation.*
DROIT ADMINISTRATIF.	*De l'Impôt Personnel et Mobilier.*

Cette Thèse sera soutenue le Samedi 28 Février 1852, à deux heures, par M. Cormier (Charles-Jean-Marie),

Né à Nantes (Loire-Inférieure).

EXAMINATEURS:

MM. RICHELOT, MOREL, LEPOITVIN, GOUGEON, *Professeurs.*

NANTES,

IMPRIMERIE DE VINCENT FOREST,

PLACE DU COMMERCE.

—

1852.

A MON PÈRE.

A la Mémoire de ma Mère.

JUS ROMANUM.

De in rem verso et quod jussu actionibus.

(Digest. lib. XV. Tit. 3 et 4).

Jure civili, ex alterius contractu nemo obligatur, ne is quidem qui contra-
hentem in potestate habet; nam etsi jus potestatis facit ut servus domino,
filius patri obligationem acquirant, non efficit tamen ex contrario, ut ex
contractu servi aut filii, alteri actio adversùs eos acquiratur. Hunc juris
rigorem verò prœtor relaxavit, in casibus multis, et prœcipuè, actiones dando
de in rem verso et quod jussu.

Actio de in rem verso, actio est prœtoria, personalis, quæ ex contractu
filii vel servi, contrà patrem aut dominum pro modo emolumenti competit.

Actio quod jussu, actio est prœtoria, personalis, per quam patrem aut
dominum qui jussum dedit, quis in solidum persequitur.

Observationes spectantes adutramque actionem.

Utraque actio semper nominatur, altera, actio quod jussu, altera verò, actio de in rem verso, et tamen individualitatem propriam non habent; sunt modi aliarum actionum.

Si servus, puta, domino jubente, emit, locavit, pecuniam mutuatus est, actiones empti, locati, mutuatæ pecuniæ, modificationem necessariam accipiunt, et fiunt actiones quod jussu.

Si verò non jussit dominus aut pater, et tamen si aliquid ex contractu servi aut filii in rem suam versum est, actiones empti, locati, mutuatæ pecuniæ et aliæ fiunt actiones de in rem verso.

ACTIO DE IN REM VERSO.

Circà actionem dé in rem verso, videndum est quandò huic locus sit, quid contineat, quandiù competat, cui et adversùs quem detur.

§ I. Quandò locus est actioni de in rem verso et quid continet.

Pater aut dominus non mandatum dare potest filio aut servo; non lege ergò sed naturaliter tantùm filius aut servus patrem aut dominum mandati aut negotiorum gestorum causâ obligatum habet; nunquàm ergò mandati actio est, cùm filius aut servus rem patris aut domini egit, sed actioni de in rem verso locus est, cùm filius aut servus gessit utiliter, meliorem patris aut domini rem fecerit, quotiès mandati aut negotiorum gestorum actioni locus esset, si non filius sed procurator rem gessisset.

Non quotiès ex servi aut filii contractu dominus aut pater locupletior factus est, actioni de in rem verso locus est, sed tantum quotiès servus aut filius hoc contractu, domini patrisve negotium gessit.

Necesse est filium servumve utiliter gessisse, id est, necesse est negotium fecisse aut necessarium aut utile.

In actione de in rem verso, filii servive creditori, pater aut dominus solvere tenetur quatenùs in rem suam versum est: proindè si pars tantùm versa est, de parte tantùm erit actio. In hoc, quum quis in rem patris aut domini impendit, differt impensa necessaria ab eâ quæ duntaxat utilis erat, quòd si res patri aut domino utiles tantùm emit filius, servusve, videtur in rem ejus versum, quatenùs verum est pretium; si autem filius aut servus necessarias emisset, in solidum quantò emptæ essent, teneretur pàter aut dominus. Non autem plus versum videtur, quàm res constitit; ità ut fundus, si pluris est, quàm est emptus, non plus in rem versum quàm emptus est videatur.

Filius deniquè servusve patrem aut dominum naturaliter obligandi animum habere debet; alioquin actioni de in rem verso locus non esset.

§ II. Quandiù hæc actio còmpetit, cui et adversùs quem datur.

Tandiù actioni locus est, quandiù pater aut dominus ex gestu filii aut servi debet.

Competit hæc actio filii aut servi creditori qui in eam credidit causam ex quâ in rém patris aut domini versum est, et adversùs patrem aut dominum.

ACTIO QUOD JUSSU.

De actione quod jussu, videndum est quis debeat contrahere, quis jubere, quale jussum esse debeatur; adversùs quem hæc actio detur, quid contineat.

§ I. Quis debet contrahere, quis jubere, et quale jussum esse debetur.

Huic actioni locus est ex contractu filii aut servi, jubente patre, aut domino aut possessionem servi bonæ fidei habente, aut usufructuario, dummodò qui jubet possit se obligare, puta si pupillus dominus jusserit tutore auctore. Cœterùm, actio quod jussu non datur ex jussu extraneæ personæ. Hi superiùs nominati, et non alii, jubere possunt.

Jussum dari potest sive testamento, sive verbis, sive scriptis, sive per nuntium, et pro quàlibet re speciali, veluti si pater dominusve jusserit filio servove fundum emere, et pro universalitate aliquandò : scilicet, quum quis

2

in actione exercitoriâ, navi, aut in actione institoriâ, tabernæ aut cuilibet negotiationi, servum suum, aut alienum servum, aut hominem liberum preposuerit.

§ *II. Adversùs quem datur actio quod jussu, et quid continet.*

Actio quod jussu adversùs eum competit cujus jussu filius aut servus contraxit.

Si dominos plures habuit servus, is solus tenebitur qui jussit, et in solidum ; si plures jusserunt, in solidum pariter quisque tenebitur. Sed id tantùm quod jussum est continet actio : pater igitur aut dominus hactenùs tenetur quatenùs jussit, nunquàm ultrà.

DROIT FRANÇAIS.

CODE CIVIL.

Du partage de la Communauté, de la Contribution aux Dettes et des Effets de la Renonciation.

Avant de discuter le sujet que j'ai à traiter, je définis la communauté, et j'indique les éléments qui la composent.

La communauté est une société sous condition résolutoire, puisque si la femme y renonce, les actes faits par le mari le regarderont seul.

Cette société se compose, activement :

1º De tout le mobilier appartenant aux époux, au jour de la célébration du mariage, et de tout celui qui leur échoit pendant le mariage, à titre de succession et de donation;

2° De tous les fruits, intérêts, arrérages échus ou courus pendant le mariage, provenant de tous les biens des époux ;

3° De tous les immeubles acquis pendant le mariage, à moins qu'ils n'aient été achetés en remploi.

Elle se compose, passivement :

1° De toutes les dettes mobilières grevant les époux au jour de la célébration du mariage, ou grevant les successions ou donations qui leur échoient durant le mariage, sauf récompense pour les dettes relatives aux immeubles propres à l'un ou à l'autre des époux.

Toutefois, les dettes mobilières grevant la femme au jour de la célébration du mariage, ne sont à la charge de la communauté que lorsqu'elles ont reçu date certaine à cette époque ;

2° Des dettes, tant en capitaux qu'arrérages ou intérêts, contractées par le mari, pendant la communauté, ou par la femme, du consentement du mari, sauf récompense ;

3° Des arrérages et intérêts des dettes personnelles à l'un ou à l'autre des époux ;

4° Des réparations usufructuaires des immeubles qui n'entrent pas en communauté ;

5° Des charges du mariage.

L'actif et le passif se composent donc d'éléments correspondants ; les deux primo, celui de l'actif et du passif, correspondent en effet ; le 3° et le 4° du passif correspondent au 2° de l'actif, et le 2° et le 5° du passif au 3° de l'actif.

Pendant la communauté, trois personnalités (le mari, la femme, la communauté) ont eu des rapports entre elles et avec des tiers

De ces rapports sont nécessairement résultés des droits, des obligations.

Pour liquider plus facilement la situation des divers intéressés, mon sujet contiendra trois divisions ; en les adoptant, je ne fais, du reste, que suivre l'énoncé de la matière que j'ai à traiter.

Dans la première, je ferai voir comment, à la dissolution de la communauté, les biens se partagent.

Dans la deuxième, j'indiquerai comment les dettes de la communauté et des époux se règlent, tant à l'égard des créanciers qu'à l'égard des époux entre eux.

Dans la troisième, je traiterai de la renonciation de la femme à la communauté et de ses suites.

Avant de les aborder, je dois indiquer les causes de dissolution de la communauté, puisque celle-ci ne se partage qu'à sa dissolution.

Ces causes sont au nombre de quatre, savoir :

1° Mort naturelle, réelle ou légalement présumée; 2° mort civile ; 3° séparation de corps ; 4° séparation de biens.

C'est par suite de l'absence que la mort naturelle est légalement présumée; et lorsque, par application de l'article 124 du Code Civil, la communauté est dissoute, elle ne l'est que sous condition résolutoire.

PREMIÈRE PARTIE.

Du Partage de l'Actif de la Communauté.

A la dissolution de la communauté, il existe une masse commune.

Les époux ou leurs héritiers y rapportent tout ce qu'ils en ont tiré pour leur profit personnel.

Un des époux devait une somme de dix mille francs, au moment de son mariage, pour prix ou solde de prix d'un de ses immeubles achetés avant le mariage. Cette dette, qui n'est pas à la charge de la communauté, est néanmoins payée par la communauté, pendant le cours de celle-ci. A la dissolution, l'époux devra verser dans la masse à partager les dix mille francs dont il a profité pour son compte personnel.

Nous en dirons autant du cas où une succession purement immobilière, ou partie mobilière et partie immobilière, serait échue à l'un des époux pendant la communauté. Si celle-ci a payé les dettes de la succession, l'époux

3

héritier devra à la masse, lors de la dissolution, les dettes ou la partie des dettes qui étaient à sa charge, et non à celle de la communauté.

Par suite du principe énoncé ci-dessus, les époux ou leurs héritiers rapportent aussi, à la masse commune, ce qu'ils y ont pris pour doter un enfant d'un autre lit, ou pour doter personnellement l'enfant commun.

Mais le mot personnellement a ici une grande portée; car, si le mari avait doté l'enfant commun avec des effets de la communauté, et qu'il n'eût pas exprimé l'intention de doter personnellement, la dot ainsi constituée serait à la charge de la communauté.

Les rapports étant faits, chaque époux prélève ses biens personnels non entrés en communauté, s'ils existent en nature; et, peuvent se trouver en nature, non seulement les immeubles qui toujours restent propres, mais encore le mobilier réservé propre par le contrat de mariage, et dont il y a eu un état descriptif.

Si les biens restés propres n'existent plus en nature, l'époux prélève ceux acquis en remploi, ou le prix de ces mêmes biens, si le remploi n'en a pas été fait.

Il prélève aussi les indemnités qui lui sont dues par la communauté.

La communauté a ouvert une carrière ou une mine sur le terrain d'un des époux; la communauté a coupé des arbres futaies non en coupes réglées, sur le terrain d'un des époux. Pour ces cas, et autres semblables, il est dû indemnité par la communauté.

La femme exerce ses prélèvements avant le mari.

Elle les exerce d'abord sur l'argent comptant, ensuite sur le mobilier, et subsidiairement sur les immeubles de la communauté; dans ce dernier cas, elle a le choix sur les immeubles.

En cas d'insuffisance des biens de la communauté, la femme a droit d'exercer ses reprises sur les biens personnels du mari.

Une fois que la femme a exercé ses prélèvements, le mari poursuit les siens, mais sur les biens de la communauté seulement.

Il est facile de comprendre la préférence accordée à la femme sur les biens de la communauté, pour ses prélèvements et son droit complémentaire sur les biens personnels de son mari:

Il suffit de se rappeler que le mari a été administrateur, et administrateur seul, des biens de la communauté, de considérer que si la communauté s'est enrichie, il importe peu qui du mari ou de la femme exercera le premier ses prélèvements; que si, au contraire, elle a fait des pertes, ces pertes proviennent, sinon de la faute du mari, au moins de son fait.

Tout ce qui est dû à la communauté par les époux, et réciproquement tout ce qui est dû aux époux par la communauté, emporte les intérêts de plein droit, du jour de la dissolution de la communauté.

Cette disposition est une exception à la règle ordinaire, qui porte que les intérêts ne courent que de la demande en justice. Sa raison d'être est celle-ci : souvent la liquidation de la communauté aurait été nécessaire pour faire connaître les droits de celle-ci vis-à-vis des époux, et les droits des époux vis-à-vis d'elle; souvent l'ignorance de ces droits n'aurait donc pas permis de former de demande en justice : après la liquidation seulement, l'époux définitivement créancier aurait pu faire courir les intérêts qui auraient été perdus jusque-là.

Il n'en est pas ainsi des créances personnelles de l'un des époux vis-à-vis de l'autre; les intérêts de ces créances ne courent, en conformité de la règle ordinaire, que du jour de la demande en justice : les créances, en effet, de l'un des époux contre l'autre n'ont pas plus besoin de liquidation qu'entre personnes étrangères.

Mais la femme peut se trouver, en exerçant ses reprises, en concurrence avec des créanciers de la communauté et des créanciers du mari, et il convient de fixer les droits des divers intéressés.

La qualité de femme commune ne donne pas à la femme de privilège; elle ne vient que comme créancière, et tous les droits se règlent ainsi qu'il suit :

Ou la femme exerce ses prélèvements sur l'argent comptant, ou elle les exerce sur le mobilier, ou elle les exerce sur les immeubles.

Au premier et au deuxième cas, tous les créanciers, à moins de privilège, ont les mêmes droits et viennent au marc le franc.

Au troisième cas, des créanciers privilégiés, hypothécaires, chirographaires peuvent se trouver en présence.

Les créanciers privilégiés passent avant tous les autres, et entre eux, d'après l'ordre de leurs privilèges.

Entre les créanciers hypothécaires, la préférence est réglée par la priorité de l'inscription de l'hypothèque. L'on sait que la femme a une hypothèque légale, dispensée d'inscription; son hypothèque sera censée inscrite à la date de ses créances contre son mari, comme s'il y avait une inscription pour chaque créance.

Les créanciers chirographaires viennent les derniers, et entre eux, au marc le franc.

Ce qui reste de la masse, après que les époux ont opéré leurs prélèvements, se partage par moitié entre les époux ou leurs héritiers.

Si parmi les héritiers de la femme, les uns ont accepté, les autres ont renoncé, il se fait deux liquidations, l'une pour le cas d'acceptation, l'autre pour le cas de renonciation, et les uns exercent dans la première, les autres, dans la seconde, leurs droits calculés d'après la partie pour laquelle ils représentent la femme.

Le partage de la communauté pour ses formes et ses effets, la licitation des immeubles, quand il y a lieu, sont soumis aux règles des partages et licitations des biens provenant de succession; mais l'art. 841 du Code Civil n'exprimant ni une forme, ni un effet, ne s'applique pas aux partages de communautés; on ne doit pas, par analogie, leur appliquer les règles du retrait successoral, puisque ces règles sont exceptionnelles, et que les exceptions ne se généralisent pas.

Celui des époux qui aurait diverti ou recélé quelques effets de communauté est privé de sa portion dans lesdits effets qui sont prélevés par l'autre époux.

DEUXIÈME PARTIE.

Obligation et Contribution aux Dettes.

Nous établirons tout d'abord la différence entre l'obligation aux dettes et la contribution aux dettes.

L'époux qui s'est obligé à une dette, doit la payer, que cette dette tombe ou ne tombe pas dans la communauté.

Chaque époux doit contribuer pour moitié aux dettes de la communauté, qu'il se soit ou non obligé à cette dette ; de même que chacun d'eux prend la moitié de l'actif de la communauté, de même, il subit la moitié des dettes de cette même communauté.

La femme qui a fait inventaire, n'est cependant tenue des dettes de communauté, tant vis-à-vis de son mari que des créanciers que jusqu'à concurrence de son émolument, c'est-à-dire jusqu'à concurrence de ce qu'elle a retiré de la communauté, pourvu qu'elle rende compte tant du contenu de l'inventaire que de ce qui lui est échu par le partage immobilier ; toutefois, lorsque la femme se sera obligée personnellement, elle demeure obligée comme tout débiteur, jusqu'à concurrence du montant de ses obligations.

Ceci exposé : examinons les droits des créanciers de la communauté, des créanciers du mari et des créanciers de la femme.

Pendant la communauté, les créanciers du mari et les créanciers de la communauté ont les mêmes droits ; ils peuvent poursuivre le montant de leurs créances, indistinctement sur les biens personnels du mari et ceux de la communauté.

En effet, pendant la communauté, la Loi regarde le mari comme véritablement le maître des biens de la communauté, puisqu'elle lui donne le droit de faire des actes définitifs et non résolubles, et ce n'est qu'à la dissolution de la communauté, lorsque la femme l'accepte, que le droit du mari se résout pour moitié sur ce qui appartient à la communauté à l'instant de la dissolution ; aussi, par suite, à partir de là, faut-il distinguer entre les créanciers du mari et les créanciers de la communauté.

A la dissolution, les créanciers personnels du mari n'ont d'action que contre ses propres et sa part de communauté.

A cette même époque, les créanciers de la communauté ont action contre le mari pour le total de leurs créances, puisqu'il est obligé personnellement envers eux, sauf son recours contre sa femme ; mais ces mêmes créanciers peuvent s'adresser à la femme pour moitié ou jusqu'à concurrence de son émolument, si elle a fait inventaire, de sorte que le créancier de la communauté se trouve à avoir une action solidaire contre le mari et la femme pour une partie de sa créance, et une action contre le mari seul pour l'autre partie.

Si la femme a reçu, par le partage, un immeuble hypothéqué par le mari, pendant la communauté, elle peut être poursuivie sur cet immeuble pour toute la créance, sauf son recours.

Les créanciers personnels de la femme peuvent se trouver dans des positions diverses. En effet, les dettes provenant du chef de la femme peuvent être antérieures au mariage, ou résulter d'obligations contractées personnellement par elle, ou de successions échues, ou de donations reçues, pendant la communauté.

Les créanciers antérieurs au mariage peuvent poursuivre pendant la communauté le paiement de leur créance qui ont date certaine, contre le mari et la femme, solidairement pour le tout : après la dissolution de la communauté, ils peuvent poursuivre le mari pour moitié seulement, la femme pour le tout, sauf son recours contre ce dernier.

La femme peut s'être obligée pendant la communauté, soit avec son mari conjointement ou solidairement, soit seule, autorisée par son mari ou par la justice.

Quand la femme s'est obligée pendant la communauté, il faut distinguer si c'est avec l'autorisation du mari ou l'autorisation de justice seulement, au refus du mari.

Dans le premier cas, les créanciers peuvent, pendant la communauté, poursuivre leur paiement solidairement contre le mari et la femme et sur la pleine propriété des biens de cette dernière.

Dans le second cas, ils ne peuvent poursuivre leur paiement, pendant la communauté, que sur la nue-propriété des biens de la femme.

Après la dissolution de la communauté, il n'y a plus de distinction à faire relativement au droit de poursuite des créanciers : toutes les dettes contractées par la femme, pendant la communauté, peuvent être poursuivies sur la pleine propriété des biens de la femme, soit qu'elle ait été autorisée par le mari, soit qu'elle ait été autorisée par la justice seulement.

Toutefois, il est quelques cas où la femme peut être autorisée par la justice à contracter, sans que le mari ait été préalablement consulté, et alors, elle peut, même pendant la communauté, être poursuivie sur la pleine propriété de ses biens, et même engager les biens de la communauté; ainsi, lorsqu'il y a lieu de tirer le mari de prison ; ainsi, lorsqu'il y a lieu, en cas d'absence du mari, de doter des enfants communs.

Si la dette autorisée par le mari avait été contractée dans l'intérêt de la communauté ou du mari, la femme, si elle payait au-delà de ce qui lui incombe à l'égard de son mari, aurait son recours contre ce dernier.

Examinons maintenant les droits des créanciers, de successions échues à la femme ou de donations à elle faites. Les règles étant les mêmes, je ne parlerai que des successions.

Ou la succession échue à la femme est purement mobilière ou elle est purement immobilière, ou elle est en partie mobilière et en partie immobilière.

Dans le premier cas, si elle l'a acceptée avec le consentement de son mari, ou si le mari en a confondu le mobilier avec celui de la communauté, sans un inventaire préalable, les créanciers pourront poursuivre leur paiement sur la pleine propriété des biens de la femme, et, en outre, sur les biens de la communauté et du mari ; si le mari n'a pas autorisé et s'il y a eu inventaire, les créanciers peuvent poursuivre leur paiement sur la nue-propriété des biens de la femme et sur les effets de la communauté, jusqu'à concurrence du mobilier qui y est entré.

Dans le second cas, si le mari a autorisé, la pleine propriété des biens de la femme et du mari peut être expropriée ; si la justice a autorisé, l'expropriation ne pourra atteindre que la nue-propriété des biens de la femme.

Dans le troisième cas, la pleine propriété des biens de la femme, du mari et de la communauté peut être expropriée, si le mari a autorisé, ou si le mobilier a été confondu dans la communauté sans inventaire préalable. Si la justice seule a autorisé, et si le mobilier a été inventorié, la nue-propriété des biens de la femme peut être expropriée ainsi que les effets de la communauté, jusqu'à concurrence du mobilier inventorié qui y est entré.

Quand le mari a autorisé sa femme à accepter, si les successions sont en partie mobilières et en partie immobilières, la communauté supporte les dettes en proportion de la valeur du mobilier, par rapport à la succession : conséquemment, si la succession est purement mobilière, la communauté supporte toute la totalité des dettes.

Dans tous les cas, la totalité des biens provenant de successions, est soumise en pleine propriété aux poursuites des créanciers.

Si les successions étaient échues au mari pendant la communauté, il est évident que vis-à-vis des créanciers, il serait obligé personnellement aux dettes.

Quant à la contribution de la communauté dans ses dettes, elle aurait lieu dans les mêmes proportions que nous venons d'exprimer à l'occasion des successions échues à la femme.

La femme qui a payé une dette de communauté au-delà de sa moitié ou au-delà de son émolument, n'a point de répétition contre le créancier, pour l'excédant, à moins que la quittance n'exprime que ce qu'elle a payé était pour sa part; la raison de cette disposition est qu'alors elle est censée avoir renoncé, vis-à-vis du créancier, à son droit de n'être tenue que pour moitié, ou de n'être tenue que jusqu'à concurrence de son émolument.

TROISIÈME PARTIE.

De la Renonciation de la femme à la Communauté.

La femme n'ayant pas concouru à l'administration de la communauté, ne pouvait pas avec justice être forcée de subir toutes les conséquences de cette administration. Aussi, le Législateur lui a-t-il donné la faculté de renoncer.

Si la femme renonce, elle se rend étrangère à la communauté; tout ce qu'elle y a fait entrer est perdu pour elle; mais elle est déchargée de toute contribution aux dettes, tant vis-à-vis de son mari que vis-à-vis des créanciers, à moins qu'elle ne se soit obligée, ou que la dette, devenue dette de la communauté, ne provint originairement de son chef. Si, sur les poursuites des créanciers, elle est forcée de payer, elle a son recours contre son mari.

Elle reprend les biens qui lui sont restés propres, s'ils existent en nature, et les linges et hardes à son usage personnel.

S'ils n'existent plus en nature, elle reprend ceux acquis en remploi, ou leur prix.

Elle reprend aussi toutes les indemnités qui lui sont dues.

Le défaut d'inventaire dans les trois mois vaut acceptation de la part de la femme, à moins qu'elle n'ait obtenu prolongation de délai en justice ; mais si elle a fait inventaire, elle peut toujours renoncer, tant qu'elle ne s'est pas immiscée, ou qu'on n'a pas obtenu contre elle un jugement passé en force de chose jugée.

Lorsque la communauté a été dissoute par la séparation de corps ou de biens, c'est la présomption inverse qu'il faut admettre.

Le divertissement ou le recel d'objets de la communauté enlève à la femme, outre la moitié de ces objets qui seront prélevés par le mari, le droit de renoncer à la communauté.

DISPOSITIONS COMMUNES AUX CAS D'ACCEPTATION ET DE RENONCIATION.

Dans le cas d'acceptation comme dans le cas de renonciation, la femme a droit à son logement et à sa nourriture pendant trois mois et quarante jours : et, si la communauté est dissoute par la mort naturelle de son mari, les héritiers de ce dernier doivent à la femme les frais de deuil, lesquels sont fixés d'après la fortune du défunt.

Ces droits sont exclusivement attachés à la personne de la femme et n'appartiennent pas à ses héritiers.

DROIT ADMINISTRATIF.

De la Contribution Personnelle et Mobilière.

La contribution personnelle et mobilière est réglementée principalement par la Loi du 21 Avril 1832 qui a réuni ces deux Contributions que la Loi du 26 Mars 1831 avait divisées.

Sont soumises à la contribution personnelle, les personnes jouissant de leurs droits, sous l'exception de celles exemptées par le Conseil Municipal comme indigentes, et de celles qui vont être indiquées plus loin.

Sont soumises à la contribution mobilière, les personnes ayant un domicile, à défaut de domicile, une résidence, jouissant de leurs droits, et non exemptées par le Conseil Municipal, comme indigentes, sauf ce qui va être dit ci-après.

La taxe personnelle est un impôt frappant la personne pour elle-même; elle consiste en trois journées de travail non payables en nature; les Conseils Généraux sont chargés de l'évaluation de leur valeur, pour chaque commune du département; ils ne peuvent toutefois faire monter le prix de la journée au-dessus de 1 fr. 50 cent., ni le faire descendre au-dessous de 50 cent.

La taxe mobilière est un impôt frappant le mobilier, d'après la valeur annuelle du loyer de l'immeuble qui le renferme.

La nature même de ces taxes nous révèle que la taxe personnelle ne se paie qu'une fois, et que la taxe mobilière se paie autant de fois que l'on a d'habitations meublées.

Le Conseil de chaque municipalité peut, d'ailleurs, s'abonner avec le Gouvernement, et s'engager à lui payer, sur le produit de ses octrois, totalité ou partie de la taxe personnelle et mobilière. Une Ordonnance d'approbation, émanée du Pouvoir Exécutif, est nécessaire pour valider la convention.

Les officiers de terre et de mer commandant des troupes, les soldats et marins en activité de service, ne paient pas de cote personnelle, et ils ne paient de cote mobilière, qu'autant qu'ils auraient, en dehors de leurs fonctions, des habitations meublées.

On ne paie pas de taxe mobilière pour les immeubles soumis à la patente, ni pour ceux destinés au logement des élèves, dans les établissements d'éducation soumis à la taxe universitaire; le Législateur a jugé ces immeubles assez grevés par la patente et la taxe universitaire.

On n'en paie pas pour les immeubles destinés aux exploitations rurales, le mobilier qu'ils renferment étant un mobilier particulier, étranger au logement des personnes; l'agriculture méritait d'ailleurs cette faveur.

On n'en paie pas pour les bureaux des fonctionnaires publics, parce que leur mobilier est étranger aussi au logement personnel de ces fonctionnaires.

Etablissement et Répartition de l'Impôt.

Le Pouvoir Législatif vote, par chaque nature de contribution, le chiffre de l'impôt à payer par toute la France, et le répartit entre chaque département; le Conseil Général peut ajouter à la répartition regardant le département, des centimes additionnels, et divise le contingent départemental ainsi formé entre les arrondissements; le Conseil d'Arrondissement divise, entre les communes de l'arrondissement, ce qui a été mis à sa charge; au contingent afférent à chaque commune, le Conseil Municipal peut encore ajouter des centimes additionnels.

Ceci exposé, j'indique comment est fixée la cote personnelle et mobilière de chaque contribuable.

Le Sous-Préfet nomme cinq Répartiteurs : ceux-ci, assistés du Maire et du Contrôleur, calculent le produit de la taxe personnelle, d'après le nombre des individus admis par le Conseil-Municipal, et la valeur des journées fixée par le Conseil Général; ils déduisent ce produit du total de la contribution personnelle et mobilière; ce qui reste dû est réparti par eux, entre tous ceux qui doivent la cote mobilière, en proportion des loyers, comme il est dit ci-dessus.

Le calcul qui vient d'être établi nous révèle clairement que les centimes additionnels, généraux et particuliers, ne portent pas sur la taxe personnelle qui ne peut être imposée qu'en principal (Art. 19 de la loi du 21 Avril 1832).

Recouvrement des Contributions. — Poursuites.

Les contributions sont exigibles par douzième.

Cependant, en cas de déménagement hors du ressort de la perception, de vente volontaire ou forcée, de décès, la contribution personnelle et mobilière est exigible pour la totalité de l'année courante.

Les héritiers ou légataires peuvent être poursuivis solidairement et un pour tous, à raison des contributions de ceux dont ils ont hérité ou auxquels ils ont succédé, tant que la mutation n'a pas été opérée sur le rôle.

Les propriétaires ou principaux locataires sont tenus, sous leur responsabilité personnelle, ou de se faire représenter par leurs locataires ou sous-locataires, avant l'époque fixée pour leur déménagement, les quittances de leur contribution personnelle et mobilière pour toute l'année ou de donner avis du déménagement, dans les trois jours, au percepteur qui doit leur remettre par écrit une reconnaissance de cet avertissement.

Dans le cas de déménagement furtif de la part des locataires ou sous-locataires, les propriétaires ou principaux locataires deviennent responsables des termes échus jusqu'au jour du paiement, si, dans les trois jours, ils n'ont pas fait constater ce déménagement furtif, par le commissaire de police, le juge de paix ou le maire.

Nonobstant toute déclaration de leur part, les propriétaires ou principaux locataires sont responsables de la contribution personnelle due par les personnes logées par eux en garni.

Tout dépositaire ou débiteur de deniers appartenant aux redevables, est tenu, sur la demande du percepteur, de payer les contributions dues par ces derniers; à cet effet, le percepteur met, s'il y a lieu, une saisie-arrêt entre leurs mains.

Les receveurs des communes et établissements publics sont tenus d'acquitter les contributions dues par ces communes et établissements, sur mandat ordonnancé par le Préfet, pour contributions dues par l'État et le département, et par le Maire, pour contributions dues par la commune.

Quatre degrés de poursuites existent pour le recouvrement des contributions, savoir : la garnison collective ou individuelle, le commandement, la saisie, la vente.

Ces poursuites sont exercées par des porteurs de contraintes et des garnisaires désignés, sur la proposition du receveur particulier, par le Sous-Préfet, devant qui ils prêtent serment, et commissionnés par le Préfet; les premiers peuvent agir dans tous les degrés de poursuite; les seconds, dans les garnisons collectives ou individuelles seulement.

Les huissiers ordinaires des tribunaux ont compétence pour tous les degrés de poursuite.

Lorsqu'un contribuable devient débiteur de nouveaux douzièmes appartenant au même exercice, sans avoir payé la somme pour laquelle il a déjà été poursuivi, l'acte de poursuite déjà fait ne doit pas être répété, et il doit être procédé, pour la totalité de la dette, par les degrés subséquents.

Avant de commencer les poursuites, le percepteur doit avertir le contribuable par une sommation gratuite. Huit jours après, elles peuvent être exercées en vertu d'une contrainte décernée par le receveur particulier de l'arrondissement, et revêtue ensuite d'autres formalités légales.

La garnison est collective, lorsqu'elle a lieu à la fois contre plusieurs redevables par un seul garnisaire; elle consiste dans la remise au domicile du redevable ou à la mairie d'un bulletin invitant à se libérer sous trois jours.

La garnison individuelle consiste dans la remise d'un bulletin, et le séjour à domicile d'un garnisaire pendant deux jours au plus, et qui doit se retirer dès que le contribuable s'est libéré.

Elle peut être employée après la garnison collective pour sommes déterminées par le Préfet, et même, sans que cette dernière ait été exercée, pour sommes déterminées par le même magistrat.

Le commandement consiste dans la remise d'un bulletin avertissant le contribuable que faute à lui de se libérer, il sera procédé à la saisie; il ne peut être fait que trois jours après l'emploi de la garnison collective ou individuelle qui doit être exercée préalablement; cependant, contre le redevable domicilié hors du département, il peut être le premier degré de poursuite.

La saisie est faite dans les formes ordinaires.

Aucune opposition n'arrête la saisie; les oppositions qui pourraient être formées, sont portées ou devant le Sous-Préfet, ou devant le Président du Tribunal, suivant la nature de leurs motifs; s'il y a revendication, elle est portée devant le tribunal de première instance.

Si, lors de la saisie, le redevable demande à se libérer, il y est sursis.

Lorsque, par commencement d'enlèvement furtif, il y a lieu de craindre la disparition du gage de la contribution, le percepteur peut procéder à la saisie, immédiatement et sans ordre, lorsqu'il y a eu un commandement; s'il n'y a pas eu de commandement, il constitue un gardien, et il est procédé aux poursuites.

La vente à laquelle doit assister le percepteur ou quelqu'un le représentant, ne peut avoir lieu que huit jours après la clôture du procès-verbal de saisie, à moins qu'il n'y ait lieu de craindre le dépérissement des objets saisis, au quel cas, le Préfet peut abréger le délai.

La vente des meubles est faite par les commissaires-priseurs dans les villes où il y en a; dans celles où il n'y en a pas, elle est faite par le porteur de contraintes; elle doit être discontinuée aussitôt que le produit en est suffisant pour solder le montant des contributions et des frais de poursuites; préalablement à la vente, des placards y relatifs sont affichés dans les délais ordinaires.

Dans la contribution personnelle et mobilière, l'État a privilége pour l'année échue et l'année courante, sur les meubles et effets mobiliers du redevable, en quelque lieu qu'ils se trouvent.

Cotes Irrécouvrables. — Dégrèvements.

Les cotes qui, dans le cours de l'année deviennent irrécouvrables, tombent en non-valeurs; un état, appuyé de toutes les pièces justificatives, en est dressé par le percepteur, dans les deux premiers mois de la seconde année de l'exercice, et transmis par le receveur particulier au Préfet.

Des remises et des modérations sont accordées par le Préfet, sur demande des contribuables par voie grâcieuse, accompagnée de la quittance des termes échus; les premières pour perte totale des objets imposés; les secondes pour perte partielle des mêmes objets. Ces demandes peuvent être présentées toute l'année.

Les pourvois sont portés devant le Ministre des Finances.

Des décharges sont accordées par le Conseil de Préfecture, sur demande présentée par voie contentieuse dans les trois mois de la publication des rôles, également accompagnée de la quittance des termes échus, pour faux ou double emploi, dans la contribution personnelle et mobilière.

Les réductions sont demandées, auprès du même Conseil, par la même voie, dans le même délai, et appuyées des mêmes pièces, pour rappel à l'égalité proportionnelle, dans la même contribution.

Les pourvois sont portés devant le Conseil d'État.

Les décharges et réductions, et les frais faits pour leur instruction, donnent lieu à réimposition pour l'année suivante, à la charge des communes, dans lesquelles elles ont été prononcées.

Le réclamant est tenu de payer les termes qui viendraient à échoir, jusqu'à ce qu'il ait été prononcé sur sa réclamation ou pendant les trois mois qui la suivent, si la décision n'est pas encore intervenue.

Un état des cotes indûment imposées, formé des individus admis en non-valeurs l'année précédente et dont la position n'a pas changé, de ceux devenus indigents avant le commencement de l'année que le rôle concerne, des erreurs matérielles y commises, est dressé par le percepteur, dans les trois mois de la publication de ce rôle.

C. CORMIER.

Vu pour l'impression :
Le Doyen, H. RICHELOT.

www.ingramcontent.com/pod-product-compliance
Lightning Source LLC
Chambersburg PA
CBHW070213200326
41520CB00018B/5619